그대는 내 마음에 봄

그대는 내 마음에 봄

펴낸날   초판 1쇄 2025년 6월 20일

지은이   이미례
펴낸이   서용순
펴낸곳   이지출판

출판등록   1997년 9월 10일
등록번호   제300-2005-156호
주소   03131 서울시 종로구 율곡로6길 36 월드오피스텔 903호
대표전화   02-743-7661 팩스 02-743-7621
이메일   easy7661@naver.com
창작지도   윤보영감성시학교
캘리그라피 이미례
디자인   김민정
인쇄   ICAN
물류   (주)비앤북스

ⓒ 이미례 2025, Printed in Seoul, Korea

값 15,000원

ISBN 979-11-5555-250-6 03810

※ 잘못 만들어진 책은 교환해 드립니다.

이미례 감성시집

그대는 내 마음에 봄

이지출판

● 추천의 글_ **윤보영** 커피시인

"이분은 시를 참 맛있게 쓰시네요."

이미례 시인이 보내 온 시를 읽고 있는데 곁에 있던 지인이 옆에서 보다가 던진 말입니다. 그렇습니다. 이미례 시인은 시를 맛있게 적습니다. 아니 달콤하게 쓰고 있습니다.

그런데 이렇게 달콤한 시를 쓰는 시인도 처음에는 시 쓰기를 망설였습니다. 하지만 결국 시를 쓸 수 있다는 말에 응답하듯 적어 내려간 시는 옹달샘물처럼 끊임없이 쏟아져 나왔습니다.

시인은 시를 쓰기 이전에 캘리그라피 작가로 활동해 오고 있었습니다. 그래서 좋은 글귀나 짧은 감성시를 많이 만났기 때문인지 시마다 '쉽게 읽힘'이라는 공통점이 있습니다. 이것은 분명 큰 장점입니다. 이 장점을 잘 살려 앞으로도 계속 감성시를 써 나가길 기대합니다.

더불어 시인처럼 문학 소년 소녀적 감성을 가지고 있으면서도 그 감성을 바쁜 일상에 묻고 사는 사람들이 많습니다. 이분들에게 이 시집은 좋은 교과서가 될 것입니다.

다시 한번 멋진 감성시집을 발간하는 이미례 시인에게 감사드리며, 이 시집이 탄생될 수 있도록 도와주신 가족들에게도 감사한 마음을 전합니다. 또한 앞으로 우리나라 최고의 감성시인이 될 수 있도록 함께 나아갈 것을 약속드립니다.

2025년 6월
윤보영감성시학교가 있는 '휴이야기터'에서

● **추천의 글_ 이상현** 캘리그라피 작가

"네 해볼게요"라는 말과 환한 미소를 잃지 않는 이미례 작가는 일상의 소중한 순간들을 따스한 시선으로 담아내는 사람입니다. 캘리그라피로 많은 마음을 어루만져 온 그녀가 이제는 시로 자신의 이야기를 조심스레 펼칩니다. 산책길 바람, 창밖 풍경, 사랑하는 가족과의 하루 등 평범한 일상이 시로 아름답게 피어났습니다.

글씨를 쓸 때 가장 행복하다는 저자의 고백처럼 이 시집에는 진심과 온기가 가득합니다. 시가 그녀에게 쉼과 위안이 되었듯 이 책도 독자들에게 작은 위로와 봄날 같은 기쁨이 되길 바랍니다.

이미례 작가의 시는 쉽고 편안하게 읽히면서도 마음 깊은 곳을 울립니다. 가족과 삶을 사랑하는 따뜻한 마음이 담겨 있기 때문입니다.

캘리그라피로 쌓아 온 감성을 시로 더욱 풍성하게 표현한 이번 시집은 많은 이에게 잔잔한 울림과 위로가 될 것입니다.

《그대는 내 마음에 봄》이 독자의 마음에도 오래도록 머물며 따뜻한 기억으로 남길 진심으로 바랍니다.

2025년 6월
볕 들고 묵향 가득한 '이상현캘리그라피연구소'에서

● **추천의 글_ 강원석** 시인

"시를 읽으면 피가 맑아진다."
 법정 스님이 남긴 말씀입니다.
 좋은 시는 그만큼 사람에게 유익한 것입니다. 시인이 밤새워 쓴 시가 지치고 힘든 누군가에게 위로와 희망을 준다면, 시인은 그것으로 자신의 역할을 다하는 것이며, 시는 더욱 사랑받는 문학이 될 것입니다.

 캘리그라퍼로 왕성한 활동을 해 오신 작가님이 첫 시집을 출간했습니다. 봄날 예쁘게 핀 한 떨기 꽃을 보는 마음으로 축하드립니다. 부족한 저의 시를 누구보다 멋진 작품들로 만들어 준 소중한 분이기에 축하의 마음이 더욱 큽니다.

 추천의 글을 쓰기 위해 미리 시집을 다 읽었습니다. 그 중에서 '그대는 내 마음에 봄'이라는 시가 특히 가슴에 와 닿았습니다. 라일락 향기를 맡는 느낌이랄까요. 사랑의 감정을 봄 날씨에 비유한 문장이 짙은 공감을 이끌었습니다.

 이미례 작가님의 시집에는 사람과 삶에 대한 애정이, 여린 풀잎 향처럼 묻어납니다. 난해하지 않은 시어 속에서

신선함과 따뜻함이 느껴집니다. 무릇 시란 이런 것이 아닌가 싶습니다. 시를 모르는 사람이 읽어도 마음 편하게 공감하고, 감동할 수 있는 글.

　시인 박목월은 "시야말로 우리의 가장 아름다운 꿈을 기록하는 일"이라고 했습니다. 이미례 작가님의 시집은 단순한 시집을 넘어 자신의 꿈을 이룬 시집입니다. 그리고 이 시집은 다시 누군가의 꿈이 될 것입니다.

　캘리 작가님들은 좋은 글귀, 특히 시를 작품으로 많이 만듭니다. 이런 연유로 자신의 시를 쓰고 싶어 합니다. 이 시집이 그런 분들에게 멋진 본보기가 될 것입니다. 또 주저하면서 시를 쓰지 못하는 일반분들에게도 용기를 드리는 시집이 될 것입니다. 봄바람처럼 우리에게 다가온 이미례 작가님의 시집을 여러분께 추천합니다.

2025년 6월
수선화 꽃을 닮은 이미례 작가님을 응원하며

● **시인의 말**

저는 글씨를 쓰고 그림을 그릴 때 가장 행복합니다.
캘리그라피 강사로 활동하면서 좋은 글과 시를 만날 때마다 언젠가는 제 글을 써서 캘리그라피로 표현해 보고 싶다는 꿈이 생겼고, 감성시 쓰기에 도전하면서 조금씩 써 내려간 글들이 쌓여 한 권의 시집으로 펴내게 되었습니다.

제 인생은 언제나 도전의 연속이었습니다.
참 바쁘고 쉼 없이 달려온 저에게 시는 휴식이자 단비 같은 존재였습니다. 수업 가는 길에 바라본 창밖 풍경, 산책 중 느낀 바람, 카페에서의 스치는 생각, 여행지에서 마주한 감정들…. 자연을 사랑하고 글씨 쓸 때의 행복한 마음 그리고 가족과 함께한 소중한 순간들을 이 시집에 담았습니다.

늘 '할 수 있다'는 따뜻한 응원을 보내 주신 윤보영 시인님, 이상현 선생님, 강원석 시인님 감사합니다. 그리고 곁에서 든든한 힘이 되어 준 가족과 아낌없이 격려해 준 지인들에게 진심으로 고마운 마음 전합니다.

이 시집이 누군가에게는 위로가 되고 작은 기쁨이 되기를 소망합니다.

2025년 6월
이 미 례

● 차례

추천의 글_ 윤보영 • 4
추천의 글_ 이상현 • 6
추천의 글_ 강원석 • 8
시인의 말 • 10

제1부 꽃으로 피고 싶습니다

나에게 • 18
복 • 20
사랑의 힘 • 22
인생 맛 • 24
우주 • 26
하늘 • 28
첫사랑 • 30
벚꽃 • 32
바보 • 34
우리의 시간 • 36
담쟁이넝쿨 • 38
그리움 • 40
빛나는 길 • 42
행복한 걱정 • 44
설레는 봄 • 46

개나리꽃 • 19
일편단심 • 21
태양 • 23
너라는 기적 • 25
사랑 앞에서 • 27
봄 • 29
꽃으로 피고 싶습니다 • 31
자화상 • 33
이불 속 속삭임 • 35
행복한 오후 • 37
수국꽃 • 39
들꽃 • 41
바람에 스치는 • 43
내가 너에게 • 45

제2부 도토리의 꿈

그대 • 48
봄소식 • 50
세 잎 클로버 • 52
나의 길 • 54
글씨 • 56
예쁜 말 • 58
나팔꽃 • 60
달 • 62
적당한 거리 • 64
틈 • 66
오리 가족 • 68
도토리의 꿈 • 70
만두 가족 • 73
대청소 • 75
세탁기 • 77

그대는 내 마음에 봄 • 49
봄꽃 당신 • 51
꽃 • 53
글씨 꽃 • 55
캘리그라퍼 • 57
좋은 삶 • 59
바람 • 61
내 마음의 달 • 63
그림자 • 65
커피 • 67
기분 좋은 날 • 69
엄마의 사랑 • 72
붕어빵 • 74
미세먼지 • 76
부러우면 오백 원 • 78

제3부 시를 사랑하는 사람들

가을이 왔어요 • 80
생각 • 82
쉬고 싶은 날 • 84
나만의 별 • 86
선물 • 88
코스모스 고백 • 90
시를 사랑하는 사람들 • 92
그대 생각 • 94
호수와 그림 • 96
사랑길 • 98
집으로 가는 길 • 101
음악 • 103
그리움 속에서 • 105
나눔 • 108
불꽃놀이 • 110

가을 • 81
밤 • 83
아들 • 85
별 • 87
니가 있잖아 • 89
코스모스 • 91
가을 그리기 • 93
낙엽 • 95
자유로운 삶 • 97
뻥튀기 • 100
초보운전 • 102
소중한 너에게 • 104
소나무 • 107
고운 말 • 109

제4부 다음은 행복역입니다

달빛에 핀 눈꽃 • 112
가을바람 • 115
노적봉 공원에서 • 117
가슴에 담긴 숲 • 119
사랑역 • 122
빗방울 • 124
꿈꾸는 세상 • 126
다이소 • 128
함박눈이 내리는 날 • 130
눈길, 마음길 • 132
겨울나무 • 134
꽃샘추위 • 136
떡국 • 138
다이어트 • 140

내 안에 그대 • 114
풍선 • 116
사려니숲 • 118
먼나무 • 120
소화기 • 123
지하철에서 • 125
유혹 • 127
리액션의 힘 • 129
눈오리 • 131
눈꽃 • 133
눈송이 • 135
핫팩 • 137
순리대로 • 139

제1부

꽃으로 피고 싶습니다

나에게

너는 내 삶의
기쁨이고
행복이야
네가 웃으면
나도 따라 웃게 돼

내가
나에게 말해 놓고
멋쩍어 웃는다

거울 속
웃는 내 모습.

개나리꽃

별이 내려와
예쁜 꽃을 피웠다
꽃 좋아하는 그대를 위해
그대 좋아하는
나를 위해.

복

햇살이 좋아도 그대 생각
비가 오거나
바람이 불어도 그대 생각

커피를 마실 때도
역시 그대 생각
세상에서 이만한 복
얻기 힘듭니다.

일편단심

29년째
오직 당신에게
직진 중입니다

긴장하세요
남은 생도
당신에게
직진할 테니까.

사랑의 힘

태양을 가만히
안았습니다

그런데
뜨겁다기보다
포근합니다

그렇습니다
사랑의 힘은
대단합니다.

태양

오늘 아침 태양이
다른 날보다 더 붉어요

당신 지금
해를 보며
제 얼굴 생각하고 있는 거
맞죠?

인생 맛

당신의 인생은
어떤 맛인가요?

짠맛, 쓴맛, 신맛
아니면 달콤한 맛?

저는, 달콤한 맛에
동그라미 했습니다

아니 아니,
그냥 모두라 해야겠어요
좋아하는데
차이가 있나요?

또 사실
그대와 함께한 인생
너무 행복해서
다른 맛을 모르는데

그러니 그냥
모두라고 할 수밖에요.

너라는 기적

어느 날
포근한 함박눈과 함께
너는 내게로 왔다

눈꽃처럼 반짝이며
눈처럼 맑고 고운
사랑스러운 너

세상이 내게 준
가장 따뜻한 선물
너라는 축복

나의 작은 천국
너를 꼭 안아 본다.

우주

당신의 사랑은
포근하게 안아 주는
봄날의 따뜻한 햇살입니다

당신의 사랑은
예쁜 것만 보여 주고 싶은
구름 한 점 없는 맑은 하늘입니다

당신의 사랑은
아낌없이 다 주고 싶은
숲속에 있는 키 큰 나무입니다

당신의 사랑은
끝을 알 수 없는
우주와 같습니다

하지만
그 우주 열어 보니
그대 생각밖에 없습니다.

사랑 앞에서

한 발 한 발
내딛는 발걸음이
도전이고
용기다

가도 가도
저만치
닿지 못하는
그대 사랑 앞에서.

하늘

잉크를 쏟아 놓은 듯
눈이 시리도록 파란 하늘

저 하늘에
그대 얼굴밖에 그릴 게 없다

그대 좋아하는 지금은
이게 내 한계.

봄

너는 나의 봄
널 생각하면 가슴에서
새싹이 돋아

유치하다 하겠지만
그 새싹
너에게 잘 보이려고
꽃까지 피우고 있어.

첫사랑

우연히 커피를 마시다가
커피잔에 어리는 얼굴
내 안에 당신을 만났습니다

심장이 쿵!
당신 생각만으로도
행복했던 시간이 펼쳐집니다

잘 지내고 있나요?
나도 잘 지내고 있습니다

아름다웠던 기억
다시 접어
마음 한 귀퉁이에
다시 담아 둡니다

나도 언젠가
당신이 마시는 커피잔에서
내 안부 전하는 날,
그날이 있었으면 좋겠습니다.

꽃으로 피고 싶습니다

그대가 꽃이라면
나비가 되어
그대 곁을 맴돌겠습니다

그대가 바다라면
작은 물결이 되어
그대 품에 안기겠습니다

그대가 하늘이라면
별이 되어
그대 곁을 지키겠습니다

아니 그냥
그대 눈길 닿는 곳에
한 송이 꽃으로 피고 싶습니다.

벗꽃

바람에 날려
내 가슴으로 날아오는
저 꽃잎

당신이 보낸
편지였으면.

자화상

때로는 수줍은 소녀처럼
때로는 열정적인 무희처럼
또 때로는 순수한 아이처럼

흔들리는 너의 모습이
이 봄을
더욱 아름답게 만든다.

바보

나의 눈은
언제나
당신을 보고 있어요

나의 두 귀는
언제나
당신을 향해 열려 있어요

싱겁게 뱉는
당신 말에
웃고 있는 나

당신밖에 모르는
행복한 바보 맞죠?

이불 속 속삭임

이불 밖으로
눈만 빼꼼
아침 햇살이 눈부시다

다시 이불 속으로
쏙!

눈을 감는다
햇살처럼
내 안에 담긴 그대 생각
오늘 밤에 다시 올 거죠?

우리의 시간

비 내리는 창가에 앉아
커피를 마시고 있습니다

커피잔에 담겨
말없이 다가온 그대 생각
노을 지는 바닷가로
그리움을 이끕니다

그 카페는 여전할까?
우리의 시간도
그대로 머물러 있을까?

여전히 비는 내리고
여전히 그대는 그립고.

행복한 오후

하늘이 맑아서
음악이 흘러서
커피 향이 은은해서
마치 내 옆에
그대가 있는 것 같다

그래서
좋을 수밖에 없는
오늘
그리고 지금!

담쟁이넝쿨

담쟁이넝쿨이
돌담을 오른다

높아도 두렵지 않아
느리지만 멈출 수 없어

그도 그럴 수밖에
그대 생각이
그리움 속을 뻗어
그대에게 가는데
멈출 수 없을 수밖에.

수국꽃

수국꽃 안에는
별이 모여 산다
오순도순 사이좋게

그대와 나처럼
미소를 담고
알콩달콩.

그리움

비 그친 후
물웅덩이 속
맑은 하늘이 담겼다

흩어진 구름 사이로
그대 얼굴이 보인다

손끝으로
물결을 저어도
웃기만 하는 그대

이런 이런,
그리움을 젓고 있으니
그대 모습
보일 수밖에.

들꽃

풀숲 사이
작은 꽃 한 송이
나를 향해 웃는다

혹시 그대가 들꽃?
아니, 아니지
그대는 지금
내 안에서
날 만나고 있는데.

빛나는 길

모든 일이
한 번에 풀리지 않아
삐걱대는 날들이 이어져도
그건 어쩌면
세상이 나에게 준
소중한 기회일지 몰라

몇 번의 실수와
수많은 땀방울로
정성스레 다듬어진 순간들이
결국 빛나는
나의 길을 만들게 되니까

나는
밤하늘의
별일지도 모르니까.

바람에 스치는

보고 싶다!
그대 목소리에
내 두 볼은
노을빛으로 물들고
내 안에
따뜻한 바람까지 분다

봄꽃이
화사하다.

행복한 걱정

처마 끝에 고드름이 자란다
무심코 바라보면
쑥 자라 있는 고드름처럼
그대 그리움도
녹지 않고
쑥 자라면 어쩌지?

내가 너에게

그대 생각을
매일 저축하면
금세 부자가 되겠네

이러다
한국은행도 사겠다
그치?

설레는 봄

내가 이렇게
설레는 건
봄이 와서가 아니라
좋아하는
그대와 함께해서입니다

그러면 되니까
바쁜 일상도
수시로 꽃을 피우는
봄처럼
그러면 되니까.

제2부

도토리의 꿈

그대

내 마음에 머물면
늘 봄

꽃이 피어 있는
항상 봄.

그대는 내 마음에 봄

봄이 참
요란하게 오네요
오늘은 함박눈이 내리지만
내일은 또
봄바람이 불겠지요

나를 혼란스럽게 만드는
그대처럼 궁금한
어느 봄날 아침입니다.

봄소식

봄아
거북이처럼
엉금엉금 오지 말고
토끼처럼
깡충깡충 뛰어오렴

갈 때는 토끼처럼 가지 말고
거북이처럼 그렇게 가렴.

봄꽃 당신

내 가슴에
봄꽃으로 핀 당신
그러니 내가
시도 때도 없이 내 안을
들여다볼 수밖에.

세 잎 클로버

도로 옆 길가에 앉아
클로버 밭을 들여다본다

세 잎은 행복
네 잎은 행운

오늘은
세 잎 클로버를 사진에 담아
나에게 보낸다

세상에서
가장 소중한 나
나에게 행복을 선물한다.

꽃

그저 바라만 봐도
미소 짓게 만드는 너

너 혹시
내 가슴에 피어
널 생각나게 만든
그 꽃이니?

나의 길

나는
내가 가고 있는
이 길이 좋다

가끔 앞이 보이지 않고
힘들 때도 있지만
내가 선택한 길이니까

오늘도 한 발 앞으로 내딛는다
빛나는 내일을 기대하며
오늘을 걷는다

그 길 끝에
날마다 만나는 나의 삶 나의 행복
나는 오늘도 나의 길을 간다.

글씨 꽃

나는 늘
글씨를 쓴다

어제는 귀엽게
오늘은 사랑스럽게
내일은 멋지게

글씨를 적는다
적고 보니
모두가 꽃이다

그대가 생각나
웃으면서 썼으니
꽃일 수밖에.

글씨

붓끝이
살아 움직인다
그 움직임에
글씨가 탄생한다

이 글씨가
누군가에게는 희망을 주고
또 다른 누군가에게는
기쁨이 되었으면 좋겠다

나에게는
늘 사랑인
이 글씨가.

캘리그라퍼

나는
한글에
다양한 표정을 담아
글씨 쓰는 캘리그라퍼

글씨를 쓸 때
나의 눈은 더 빛나고
온몸의 세포는 곤두선다

한 글자 한 글자
붓끝에서
글자가 피어난다
아니,
작품이 된다

그 속에서
천생 작가
나를 만난다.

예쁜 말

사랑해
고마워
행복해

미안해
감사해
축복해

너의 예쁜 말이
세상을 따뜻하게 해

세상 속 나를
가장 따뜻하게 만들고.

좋은 삶

나에게
좋은 삶이란
먹고 싶은 거 먹고
하고 싶은 거 하고
즐겁게 사는 것

아니 아니,
보고 싶은 사람
배부르게 보는 것.

나팔꽃

나팔꽃을 보았다
엄마가 계신 요양원 뜰에서
나무 사이에 홀로 핀 꽃

여리디 여려 천상 소녀
엄마를 닮았다
"걱정하지 마,
엄마는 잘 지내고 있어."
덥석 내 손 잡는 엄마

알고 보니 엄마는
나팔꽃이 감고 있는
키 큰 나무.

바람

그대가 바람이라면
나는 그대를 향해
춤을 추는 나무이고 싶습니다

아니, 그대가
기분 좋아 춤출 수 있게
바람이 되고 싶습니다

그대가
최고라고 웃어 줄
그 신바람

달

오늘 밤
로맨틱한 달이 떴군요
당신도 보고 있나요?

그럼 전화해요
술 한잔하게.

내 마음의 달

달이 두 배로 커졌다
내 마음에
가득 차 있는
그대 얼굴 보면 안다.

적당한 거리

나무와 나무 사이에도
거리가 필요하고
바람이 지나가는 길에도
거리가 필요하다

사람과 사람 사이에도
마음이 오가는 길이 필요하고
너와 나 사이에도
고요히 바라볼 수 있는
적당한 거리가 필요하다

가깝기에 따뜻하고
멀기에 그리운
그 거리 속에서
우리는 함께 머물 수 있다.

그림자

나는 네가 좋아
빛이 머무는 곳이라면
언제나 함께할 수 있으니까

혹시 어둠 속이라 해도
너는 알고 있지?
내가 여전히 곁에 있다는걸.

틈

틈만 나면 놀러 가고 싶다
틈만 나면 여행 가고 싶다
틈만 나면 사랑하고 싶다

당연히
너와 함께라는
조건이 붙어야지.

커피

비 오는 날
창가에 앉아 커피를 마십니다

진한 커피 향기가
그대 생각을 불러냅니다

커피 한 잔
더 준비해야겠지요?

오리 가족

고요한 숲속
오리 가족
엄마 뒤를 아기가 따라간다

비탈길도 문제없다
뒤뚱뒤뚱
잘도 내려간다

잔잔한 호수 위에
엄마가 첨벙
아기도 첨벙

사랑이 첨벙!

기분 좋은 날

햇살이 맑아
기분 좋은 날
마음이 자꾸만
이곳에 머물라 한다

'지금 뭐할까?'
문득,
그대 생각으로 향하는 나

햇살처럼 포근한
지금 이 기분
그래 이거야.

도토리의 꿈

도토리 한 알이
툭!
땅으로 떨어졌다

작은 몸을
낙엽 속에 감춘 채
긴 꿈을 품는다

'봄이 오면
연둣빛 잎사귀로
사람들 마음을 물들여야지.'

'여름이 오면
푸르른 잎으로
그늘을 내어 줘야지.'

'가을이 오면
풍성한 열매로
또 다른 나를 만들어야지.'

꿈, 꿈, 꿈
작은 꿈이 모여
참나무 숲을 만들었다
푸른 산을 미리 만들었다.

엄마의 사랑

딩동!
커다란 상자가
현관문 앞에 놓여 있다
엄마가 보내 온 택배다

봄동, 대파, 콩, 시금치
무, 마늘, 참기름, 들기름
순간 코끝이 찡해진다

겉절이, 시금치나물
무생채를 만들어
참기름을 두른다

엄마 사랑 맛이
진하다.

만두 가족

가족들과 만두를 빚는다
쟁반 가득 담긴 만두
웃음이 나온다

길쭉이 만두는 아들 얼굴
보름달 만두는 내 얼굴
오밀조밀 만두는 조카 얼굴

만두 속에 웃음꽃을 채우며
우리 가족 행복도 빚었다.

붕어빵

붕어빵을 쥐고
나는 머리부터
그대는 꼬리부터 먹다가

달콤한 사랑에
앗!
붕어빵 놓쳤다.

대청소

유리창을 닦듯
내 마음을 닦으니
그리움이 스며든다

묵은 먼지 털어 내고
새봄을 맞듯
그대 좋아하는 나로
바쁜 일상을 지운다

더 선명해진
그대 모습
더 선명하게 불러낸다.

미세먼지

파란 하늘이
먼지 속으로 사라지고
온 세상이 회색빛으로 변했다

바람아
살며시 불어와
이 흐린 세상 좀 지워 주겠니?

그리운 그대 얼굴
다시 볼 수 있게.

세탁기

세탁기에
옷을 넣는다

묵은 얼룩과
찌든 때도
깨끗하게 씻겨 나가겠지

그런데 세탁기야
그대 향한 그리움을
세탁기에 넣으면 어떻게 되니?

부러우면 오백 원

하루 일과를 마치고
잠들기 전
10분의 고요한 시간

나를 다독이고
내일을 준비합니다

나는 그대 생각 담긴 일상에서
지금처럼 작은 행복으로
하루를 살고 있습니다.

제3부
시를 사랑하는 사람들

가을이 왔어요

살랑살랑
바람 속으로
그대와 함께 걷고 싶은 가을
가을이 왔어요

가을을 핑계대고
늘 내 편
당신이 왔어요

왔으니 우리
보고 싶은 마음 앞세워
가을 속으로 걸어요.

가을

햇살 고운 날
붉게 물든 나뭇잎이
내 가슴으로 날아듭니다

노랑 나뭇잎에는
따뜻한 햇볕을 넣고
빨강 나뭇잎에는
그대 보고 싶은 마음을 넣어
그대에게 다시 날려 보냅니다

이 가을,
내 그리움이라며
추신까지 적어서 보냅니다.

생각

뿌연 유리창과
아픈 그리움

둘 다
청소해야 할 때가 있다

유리창은
닦다가
내 얼굴을 볼 수 있고

그리움은
닦다가
네 얼굴을 볼 수 있고.

밤

모두 잠든 시간
나의 감성이
꿈틀거리며 깨어난다

세상에서
가장 큰 얼굴
어둠 위에 펼쳐 놓고
그대 얼굴 그리고 싶어서.

쉬고 싶은 날

오른쪽으로 뒹굴뒹굴
왼쪽으로 뒹굴뒹굴
반듯하게 누웠다가
옆으로 누웠다가
그래도 지워지지 않는다

참
대단한
그대 생각.

아들

넌 어느 별에서 왔니?

너만큼
맑게 빛나는 별을
본 적이 없어

우리를
사랑으로
별이 되게 하는 너.

나만의 별

그대는
내 마음속에서 빛나는
나만의 별

이렇게 얘기했다가
다시 보니
내가 그대에게 별이었다

그대가
날 생각할 때마다
기분 좋아
얼굴빛이 밝아지는 별.

별

어둠이 짙은 하늘에
유난히 반짝이는
별 하나
가슴에 담았습니다

하늘은 그리움이고
별은, 늘 그리운
그대 얼굴입니다

그러니
저절로 담겨서 담았습니다.

선물

상큼한 바람과
달콤한 햇살을
구름에 담아
너에게 보낼게

그렇다고
바람과
햇살만 보는 건
아니겠지?

그 속에 담긴
보고 싶은 마음
보지 못하는 건 아니겠지?

니가 있잖아

길가에 핀 코스모스가
바람에 흔들리며
나에게 묻는다

"아직 혼자니?"
"아니 니가 있잖아."

코스모스 고백

나 대신
바람으로 고백한다

"널 좋아해."

코스모스

고개 쭉 내밀고
종일
그대 오기만 기다립니다

"나,
바보 아니죠?"

시를 사랑하는 사람들

시를 사랑하는 사람들
그들의 마음엔
소녀와 소년이 산다

시를 읽는 목소리엔
감미로움이 흐르고
시를 쓰는 얼굴엔
아름다운 꽃이 핀다

낱말 하나에 꿈이 담기고
구절 하나에 사랑이 담겨
더 아름다운 세상을 만든다

나도
그런 시인이 되고 싶다.

가을 그리기

빨강 물감으로 단풍잎
노랑 물감으로 은행잎
파랑 물감으로
하늘을 그린다

아, 가을
그대가 보고 싶다

그리운 마음
편지에 써서 하늘에 띄운다
바람 편에 전해 올
답장을 기다린다.

그대 생각

바람에
날리는 낙엽들
날아가는 대로 두고 본다

그대 생각이라면
달려가 잡았겠지
당연히
그리움 속에 담았겠지.

낙엽

"잠깐 가던 길 멈추고
저 좀 바라봐 주세요."

그리움 속
그대 생각을 보고
흉내 내는 낙엽

더 그립다.

호수와 그림

호숫가 얼음 위에
아름다운 추상화가 그려져 있네

밤사이
나무가 내려와
붓질을 한 걸까?

아니, 어쩌면
물고기가 지느러미
끝으로 그렸을 수도 있어.

자유로운 삶

겨울 호수에 오리들
얼음 위에 쉬다가
물속으로
풍덩

내 사랑도 그래
바쁜 일상 속에서
커피 한 잔 들고
그대 생각 속으로
풍덩.

사랑길

눈이 내린다
넘어질까
조심조심

이 눈이
그대 생각이 만든
그리움이라면
넘어져도 좋다며
콧노래를 부르겠지.

뻥튀기

신기하다
참 신기하다
저 작은 통 속에 무엇이 들었기에
뻥튀기를 만들까?

뻥 하고 터질 때마다
뜨거운 열기와
달콤한 향기가 퍼져 나간다

지금 내 사랑도
뻥튀기 같기를
언제나 부드럽고
늘 달콤하기를.

집으로 가는 길

하루 일을 끝내고
당신이 있는
집으로 가는 길

자동차로 갈 때도 그랬는데
전철 탄 오늘도 신나게 갑니다

내 안에
도로가 펼쳐지고
철도가 깔립니다.

초보운전

나는 초보
나도 달리고 싶다
그래서 달렸다
그대 품속으로
쏙!

음악

카페에서
음악이 나온다
몸이 리듬을 탄다
살랑살랑

후훗!
먼저 꺼낸
그대 생각도
살랑살랑.

소중한 너에게

파란 하늘에
뽀얀 구름

눈부신 호수에
빛나는 윤슬

무지개와 시원한 바람
보랏빛 노을까지
너에게 줄 거야

너에게 주기 위해
내 안에 담는 과정도 행복이니까.

그리움 속에서

출근길
찬 공기 속
차가 시동이 안 걸린다

날도 추운데
미안, 미안
내 사랑이 부족했던 것
인정.

소나무

소나무야
사계절 푸른 너로 인해
찬 겨울이 조금 따뜻해졌어

늘 그리움으로
날 지켜 주는
마음속 그대처럼
너의 푸르름이
나를 따뜻하게 해.

나눔

나눔은
많아서 하는 것이 아닙니다
적어도 나눌 수 있습니다

하지만
그대 향한 사랑은
많아서 나눕니다.

고운 말

고운 말 한마디는
마음을 환하게 만들고
거친 말 한마디는
얼굴부터 찌푸리게 만든다

날카로운 말은
생각만 해도
가슴에 깊은 상처를 남긴다

꽃처럼 예쁜 말
향기처럼 날릴 텐데.

불꽃놀이

밤하늘로
폭죽이 터진다

하늘엔
오색찬란한 빛이
사람들 얼굴엔
웃음꽃이 핀다

우리 가슴에
기어이
사랑 꽃이 핀다

사랑하지?
사랑하고 있지?
물으면서 핀다.

제4부
다음은 행복역입니다

달빛에 핀 눈꽃

겨울을 보내기 아쉬운지
봄밤, 순백의 눈꽃이 피었다
탐스럽고 우아한 모습에
달빛조차 숨죽이고 본다

찬 기운을 품은 채
말없이 핀 너는
지친 마음, 조용히
안아 주는 위로

그 앞에 선 나도
너에게 취해
차가움 속에서도
봄이 되어 가고 있었다.

내 안에 그대

흐릿한 아침
구름 속에
해가 있듯이
내 안에는
항상 그대가 있어요

그러니
당신이
늘 기억되듯
당신도 날
기억하면 좋겠어요.

가을바람

창문을 열었다
시원한 바람에
가을이 따라 들어온다
나를 가을로 만든다

가을바람이 되었다가
단풍이 되었다가
높은 하늘이 되었다가
다시 내가 된다

여전히
너를 좋아하는 나
다행이다.

풍선

그대 좋아하는
파란 풍선에
그리움을 담아서 날립니다

다른 사람 볼까 봐
하늘색
풍선을 날렸는데

그대
혹시
하늘로 보는 건 아니겠죠.

노적봉 공원에서

나무 그늘에
돗자리를 깔고 누웠다
나뭇잎 사이로
눈부신 햇살이 쏟아진다

백합은 꽃망울을 터트리고
연분홍 작약은
수줍게 얼굴 내밀다가
서로 인사한다

땀을 흘리며 뛰어가는
남자가 보이고
자전거 타고 휙 지나가는
여학생이 보이고

시원한 그늘에 누워
공원 속 작은 세상을 본다
그곳에도 그대가 있다.

* 노적봉 : 안산시 상록구에 있는 공원

사려니숲

햇살이
나뭇가지에 앉아 쉬는
사려니숲의 오후

잔잔한 바람은
코끝을 간지럽히고
멀리서 들려오는 새소리
평화롭다

분주한 일상을 내려놓고
내 안의 그대와
함께 걷기
딱이다 딱!

＊ 사려니숲 : 제주시 조천읍에 있는 숲

가슴에 담긴 숲

흙냄새 맡으면서
오솔길을 걷고 있다

발끝에서 느껴지는
생명의 기운

나도 잠시
숲이 된다

바람이 길을 데려오고
길이 나무를 데려오고
나무가 숲을 데려온다

가슴에 들어선 숲은
그리움이 가득 담긴
숲이라 한다.

먼나무

여수 여행하다
도로변에 붉은 열매가 달린
나무를 보았다
제주도 여행 가서 보았던 나무

나무를 보고
친구가 했던 말이 생각났다
"이름이 참 쉬운데
이상하게 안 외워져."

나도 가끔 그렇다
다행히 이름은 기억 못해도
얼굴은 기억한다

꽃으로도 기억하고
담장 밖 키 큰 나무로도 기억하고.

* 먼나무 : 바닷가 숲에서 자라는 상록 큰키나무로 붉은 열매가 달린다.

사랑역

다음은 행복역입니다
당신 혹시, 어느
역에서 내리실 건가요?

사랑역에서 내립니다
꽃 가득 피어 있고
그대가 기다리고 있을.

소화기

소화기는
빨리 불을 꺼서
사람의 생명을 살리지만

가끔은
열이 나는 내 마음
잠재우는 데도 필요해

그대 생각이
소화기라면
그리움 속에서
날 잠재우는 그 소화기라면.

빗방울

햇빛이 쨍한 날
갑자기 차창 밖으로
완두콩만 한 빗방울이 떨어진다
우드득 우드득

진짜 하늘에서
쏟아지는 비처럼
완두콩이 떨어진다면?
부자가 되는 거고

진짜 하늘에서
쏟아지는 비처럼
사랑이 떨어진다면?

글쎄, 그대
만나는 날 아닐까?

지하철에서

출근 시간도 아닌데
다들 어디로 가는 걸까?
지하철 안은
늘 사람들로 북적인다

이야기 나누는 사람
졸고 있는 사람
휴대전화 보는 사람
서로 다른 표정들이
같은 공간에 함께 실려 간다

하나, 둘
목적지에 내리는 얼굴들
그곳에서 모두
행복을 만났으면 좋겠다

기다리는 사람을 만나도 좋고
좋아하는 일을 만나도 좋고
나처럼.

꿈꾸는 세상

지하철 문이 열릴 때마다
세상이 변합니다

여기는 '바다역'입니다
푸른 파도가 넘실대고
황금빛 모래사장이 반짝입니다

여기는 '숲속역'입니다
초록빛 향기가 가득하고
새들의 노래가 귀를 울립니다

여기는 '구름역'입니다
하늘을 걷는 듯
달콤한 솜사탕길이 이어집니다

여기는 '꽃밭역'입니다
무지갯빛 꽃들이
은은한 향기로 맞아 줍니다

문이 열릴 때마다
여기서 당신이 기다린다면
모두가 꿈꾸던 역이겠지요.

유혹

살며시 와서
향기로 말을 건다
"너를 사랑해."

넌지시 대답한다
"당연하지, 나는 이미 널
사랑하고 있었는데."

다이소

다이소는
참새 방앗간
오늘도 발길이 향한다

무심코 들렀다가
천 원짜리 몇 장으로
행복 한아름

다 있는 다이소에
없는 것도 있다
나에게 보물
그대 생각은 없다
당연하다.

리액션의 힘

나는 리액션이 풍부한 사람이 좋다

"와 대박."
"최고예요."
"멋져요."
"예뻐요."

과장인 걸 알면서도
그 한마디에
저절로 미소가 번진다
사랑에서는 더 그렇다

작은 일에도
크게 웃어 주는 사람
평범한 순간도
반짝이게 하는 사람
나는 그런 사람이 좋다

그 사람,
당신이어서 더 좋다.

함박눈이 내리는 날

함박눈이 내리는 날
흩날리는 눈송이마다
추억이 담겼다

이러다
그대 생각까지 나올라
추억 문을 닫았다

나는 지금
사랑 운전 중.

눈오리

첫눈이 내린 밤
아파트 안이 신났다

아이들이
오리 모양 집게로
눈오리를 찍어 내고 있다

어느새 벤치가
오리로 가득 찼다

둥근 입에
통통한 오리들
불빛을 먹고 반짝인다

오늘밤
하늘을 나는
예쁜 꿈을 꾸렴.

눈길, 마음길

눈길을 걸을 땐
넘어질까 조심조심
발끝에 힘을 주고

그리움 속을 걸을 땐
그대에게 풍당
빠지기 위해
보고 싶은 마음에 힘을 주고.

눈꽃

함박눈이 펑펑
마른 나뭇가지 끝에
작은 기적
아름다운 눈꽃이 피었다

내 가슴에
그대 웃는 얼굴이
꽃으로 핀 것처럼.

겨울나무

원래 모습 그대로
곧게 선 너

눈이 내리면
눈꽃을 피우고

새들에게, 따뜻한
쉼터를 내어 주는 너

늘 변함 없는 너
내 안으로 들어와
보고 싶은 사람 얼굴
닮아 줄 수는 없니?

눈송이

뿌연 하늘에 그대 생각이
눈송이가 되어 날립니다

눈송이 하나에 그대 얼굴이
눈송이 하나에 그대 목소리가
눈송이 하나에 함께했던 순간들이

사랑 하나로 전부였던
그때가 그립습니다
그대 잘 지내고 계시죠?
하얀 눈 위에
나의 안부를 담아 보냅니다.

꽃샘추위

봄소식에
당신도 따라오시나 했더니
차가운 바람만
쌩쌩

이런 이런,
또 네가 왔구나

추위야
주인 있는 내가
그리도 좋니?

핫팩

그대가
주머니에 넣어 준
핫팩 하나

무심코 손을 넣었다가
"앗 뜨거."

주머니에 넣는다는 게
보고 싶은 마음에 넣었다.

떡국

새해 아침
진한 육수에
파를 썰어 넣고
계란까지 풀어
떡국을 끓였습니다

보글보글 끓어오른
떡국 한 그릇
가족들 앞에 놓입니다

둘러앉아 먹으면서
우리는 도돌이표를 달았지요

더 먹게 될 나이에
덜 웃은 얼굴에
못다 풀어낸 열정에.

순리대로

모든 일이 원하는 대로
이루어지지 않음을 알기에
시간을 갖고
해결의 길을 찾을 때가 있다

지나고 나니
그 과정이 의미 있었다

그렇다
당신이 보고 싶어도
화내지 말고 기다린다
꽃도 때가 되면 피듯이.

다이어트

맛있게 먹으면
살이 안 찐다는데
거울 속 내 모습은
늘 보름달

그대는
나더러 예쁘다고 하지만
진심일까?
농담일까?

아무튼
예쁘다니까
다이어트는 내일부터.